Jean Ajalbert

Paysages de femmes

Impressions

DESSIN DE J.-F. RAFFAELLI

LÉON VANIER, LIBRAIRE-EDITEUR
19, QUAI SAINT-MICHEL, PARIS
1887

EX LIBRIS

PARU :

Chez Tresse et Stock,
8, 9, 10 et 11, galerie du Théâtre-Français
SUR LE VIF (*Vers impressionnistes*)
In-8 de 200 pages

POUR PARAITRE :

CHOSES VUES (*Vers*)

LE STAGE (*Prose*)

PAYSAGES

DE

FEMMES

Amour. Dans les parcs angla

DE

FEMMES

Impressions

DESSIN DE J.-F. RAFFAELLI

1886

Il était une fois, ô gue,
Un cœur si neuf, ô gué, ma mie,
Qu'il n'avait jamais navigue,
Jamais navigué de sa vie.

Le cœur craignait de chavirer,
Mais la mer se faisait si belle,
Qu'il ne sut pas lui résister,
Et vogue, vogue la nacelle.

Le cœur, essuyant son chagrin,
S'embarqua, jeune d'espérance ;
Et, seul, Dieu sait ce qu'il advint
De ce pauvre cœur en partance...

Il était une fois, ô gué,
Un cœur si neuf, ô gue, ma mie,
Qu'il n'avait jamais navigué,
Jamais navigué de sa vie.

Si blonde, avec des yeux si bleus :
Ophélia, dans sa démence,
Tresssant, en ses bras anguleux,
Des fleurs, et chantant la Romance.

Un songe de je ne sais quoi
Glisse sur sa lèvre écarlate ;
De la candeur et de la foi ;
Cheveux en natte et gorge plate.

Le geste vierge de sa main,
Aux longs doigts minces et sans bagues,
Trace vers le ciel un chemin
Qu'elle étoile de ses yeux vagues.

Si blonde, avec des yeux si bleus :
Ophélia, dans sa démence,
Tressant, en ses bras anguleux,
Des fleurs, et chantant la Romance.

En la voyant, par les taillis,
Les yeux rouges, presqu'enlaidie,
« Bien sûr, disent ceux du pays,
Qu'elle couve une maladie. »

Sa main effeuille la pâleur
Laiteuse d'une marguerite
Et les pétales de la fleur
Meurent de leur mort favorite.

Cueillie au hasard des chemins,
La pâquerette douloureuse
A laissé son cœur d'or aux mains
Tyranniques de l'amoureuse...

En la voyant, par les taillis,
Les yeux rouges, presqu'enlaidie :
« Bien sûr, disent ceux du pays,
Qu'elle couve une maladie. »

C'EST *la Vanité du Demain,*
L'effritement de la Matière :
Deux mains qui se « serrent la main »
Sur un marbre du cimetière.

Qui dira le tertre glacé,
Sous lequel dort votre âme blanche,
Et si l'œil cher d'un fiancé
Suivit votre cercueil de planche,

Vierge fatale, dont la mort
Plongea le secret dans la terre,
Vous dont la main étreint si fort
Une main close de mystère.

C'est la Vanité du Demain,
L'effritement de la Matière :
Deux mains qui se « serrent la main »
Sur un marbre du cimetière.....

FINE *fillette d'atelier,*
Tu mets ta robe des dimanches;
Un bouton manque à ton soulier,
Ta robe luit d'usure, aux manches.

Tu donnes aujourd'hui, pour rien,
Ta pâleur de fleur qui se fane,
Et le charme faubourien
De ta jeunesse diaphane.

Puis, la noce! et ses oripeaux,
La fin de ta vertu nigaude,
Et tu porteras les chapeaux
Qu'à présent ta main échafaude.

Fine fillette d'atelier,
Tu mets ta robe des dimanches;
Un bouton manque à ton soulier,
Ta robe luit d'usure, aux manches.

BRULÉ *d'un soleil ennemi,*
Trempé d'averses, pauvre poule,
Notre amour se traîne parmi
L'indifférence de la foule.

Et les haltes dans les hôtels,
Les baisers en fiacres à l'heure,
Ne causent pas des bonheurs tels
Que le songe encor ne nous leurre,

Le regret des temps anciens,
Où Vénus allumait dans l'onde,
Sans tambours ni musiciens,
L'éclair de sa nudité blonde. .

Brûlé d'un soleil ennemi,
Trempé d'averses, pauvre poule,
Notre amour se traîne parmi
L'indifférence de la foule.

UNE *suite d'obscénités*
Très parisiennes s'étale...
Tout un bouquet de saletés
S'effeuille pétale à pétale...

Dans la ruelle où, par l'avril,
Notre amour, loin des gens, couraille,
Un membre extrêmement viril
Est charbonné sur la muraille.

— M.... pour celui qui lira —
— La grande Jeanne a la v..... —
— Mort aux vaches — et cœtera.
Signé : Popaul, des Batignolles.

Une suite d'obscénités
Très parisiennes s'étale...
Tout un bouquet de saletés
S'effeuille pétale à pétale...

Tu la faisais marcher à pied,
Faute de quoi payer un fiacre ;
Tu sais, à présent, comme il sied,
Pour être heureux, d'être moins pouacre.

Tels les oiseaux vers les filets,
Vois à l'appât courir les femmes;
Le cercle d'or des bracelets,
Avec les mains, étreint les âmes.

Vous traîniez vos mauvais souliers
Aux portes de chaque boutique,
Si bien qu'aux gemmes des colliers
S'éclaira son âme pratique...

Tu la faisais marcher à pied,
Faute de quoi payer un fiacre;
Tu sais, à présent, comme il sied,
Pour être heureux, d'être moins pouacre.

Ces marchands de « quatre-saisons »,
Les Juifs criant leurs « pon' lorgnettes »,
Des mendiants, leurs oraisons,
Leurs mains aux cordons de sonnettes...

*

28

La rue étroite, l'escalier
Obscur, où des filles de joie,
A la lueur d'un chandelier,
Montent en des froufrous de soie.

Tu te souviens, ma passion,
Parmi la jouissance brève,
Toute cette corruption
Fanant la fleur de notre rêve,

Ces marchands de « quatre-saisons »,
Les Juifs criant leurs « pon' lorgnettes »,
Des mendiants, leurs oraisons,
Leurs mains aux cordons de sonnettes...

Savez-vous que je suis le Cœur
De Jean-qui-rit, de Jean-qui-pleure?
Gardez-vous d'un rire moqueur,
Sans quoi je pleure, tout à l'heure.

J'ai gaspillé tout un trésor
D'espoirs verts comme l'émeraude.
Cœur fumé! Tel un hareng-saur!
Jouons dessus à la main chaude.

J'aimerai celle qui voudra
Ne pas se montrer trop cruelle,
Tra la la, tra deri dera,
Pour un faible cœur sans cervelle.

Savez-vous que je suis le Cœur
De Jean-qui-rit, de Jean-qui-pleure?
Gardez-vous d'un rire moqueur,
Sans quoi je pleure, tout à l'heure.

Je n'ai pour bercer mon exil,
Dans cette campagne où l'on broute,
Que la chanson vibrant au fil
Du télégraphe sur la route...

Par endroits où, sur des réseaux
De cinq fils de fer parallèles,
Viennent s'agriffer des oiseaux,
Comme des doubles-croches grêles,

J'écoute, parmi le concert,
Planer comme une voix aimée,
Une voix d'amour qui se perd
Au loin de la plaine embrumée.

Je n'ai pour bercer mon exil,
Dans cette campagne où l'on broute,
Que la chanson vibrant au fil
Du télégraphe sur la route...

PLEUREZ, *mes yeux! Chagrins d'amours!*
Mon cœur n'a plus figure humaine :
Des mois comptent trente-et-un jours,
Il est sept jours en la semaine.

Pour des quarts de jours révolus,
L'année est dite bissextile !
Est-ce que les ans n'ont pas plus
De jours que cela n'est utile ?

Le Temps dure par trop longtemps ;
Comme de l'eau dans une tasse,
S'évaporent les sentiments :
Saluez, c'est l'Amour qui passe.

Pleurez, mes yeux! Chagrins d'amours!
Mon cœur n'a plus figure humaine.
Des mois comptent trente-et-un jours,
Il est sept jours en la semaine.

VRAIMENT, *sous ce joli soleil,*
Paris se donne un air champêtre.
On se sent, par un temps pareil,
Comme un désir soudain de paître.

Les squares s'offrent du gazon,
Et les balcons, des capucines;
Les femmes, plus que de raison,
Ont des œillades assassines.

Les espoirs vous arrivent mous
Dans l'âme toute grande ouverte.
« Garçon! — Monsieur! Que prenez-vous?
« Servez-moi de la menthe verte. »

Vraiment, sous ce joli soleil,
Paris se donne un air champêtre.
On se sent, par un temps pareil,
Comme un désir soudain de paître.

LAISSEZ *les roses aux buissons :*
Il est des épines aux roses.
Savez-vous pas cette chanson
Que jouent les guitares moroses?

38

Ne cueillez pas sur les chemins
Toutes les fleurs, toutes les filles :
La tristesse des lendemains
Vous transperce de mille aiguilles.

A la terrasse d'un café :
« Tu ne prends rien? — Si, de la gomme. »
Pauvre petit cœur échauffé,
Apprenez à vivre, jeune homme!

Laissez les roses aux buissons :
Il est des épines aux roses.
Savez-vous pas cette chanson
Que jouent les guitares moroses?

Des cheveux jaunes, des yeux peints,
Des voix rauques sur les banquettes...
« Gustave, un poseur de lapins...
« Paul, passe-moi tes cigarettes... »

L'une quitte son tablier :
« Ah! zut, ici, ce qu'on se rouille...
« Dis, tu vas me payer Bullier,
« Je sors, il faut que je vadrouille...

« Tu sais, Georges s'est décollé...
« Tu ne prends rien... Une flanelle...
« Allons, ne fais donc pas l'enflé...
Toujours la même ritournelle.

Des cheveux jaunes, des yeux peints.
Des voix rauques sur les banquettes...
« Gustave, un poseur de lapins...
« Paul, passe-moi tes cigarettes...

Ça manque un peu du vieux décor
D'un castel à portail gothique :
On n'entend pas le son du cor
De la passion romantique.

La dame a perdu son en-cas ;
Il pleut, bergère ; il pleut, ça mouille.
Elle relève sur ses bas
Ses jupes, et son regard fouille

Les omnibus toujours complets,
Tandis qu'un gros monsieur escompte
Le plaisir de voir les mollets,
Enfin ! de la dame qui monte.

Ça manque un peu du vieux décor
D'un castel à portail gothique ;
On n'entend pas le son du cor
De la passion romantique....

Elle aime les colifichets
Et les coûteuses babioles ;
Les cœurs lui servent de hochets,
Ensanglantant ses mains frivoles.

Et son pouvoir impérieux
Exige tous les sacrifices.
De par le droit mystérieux
De ses hystériques caprices.

Elle arrivait de n'importe où.
Vous savez l'histoire qu'on brode :
Un tel l'aimait, il est mort fou...
Et la voilà très à la mode.

Elle aime les colifichets,
Et les coûteuses babioles :
Les cœurs lui servent de hochets.
Ensanglantant ses mains frivoles.

Une amour de « gens comme il faut »,
Qu'on appelle « bonne fortune »,
Qui ne vous fait « ni froid ni chaud ».
Ni chaud ni froid, et sans rancune.

On se prend, ne sachant pourquoi ;
A peine si l'on se désire.
On ne dit plus : vous, on dit : toi,
Et l'on s'aime un peu, pour de rire.

Et cet amour, au moins, banal,
Finit d'une manière bête :
Telle une fleur, fanée au bal,
Tel un cigare éteint qu'on jette.

Une amour de « gens comme il faut »,
Qu'on appelle « bonne fortune »,
Qui ne vous fait « ni froid ni chaud »,
Ni chaud ni froid, et sans rancune...

L'ÉCLAT *des rubans merveilleux*
S'effare, comme des bannières,
Dans les squares où, pour les yeux,
Flottent leurs couleurs printanières...

La Providence, en son dessein,
Se montra fort alimentaire;
Nourrice, elle créa ton sein
Pour l'enfant et le militaire;

Et, grasse, tu vas consolant
Le tourlourou de sa gamelle,
Tout en berçant, d'un chant dolent,
Ton nourrisson à la mamelle.

L'éclat de rubans merveilleux
S'effare, comme des bannières,
Dans les squares où, pour les yeux,
Flottent leurs couleurs printanières...

Des yeux me fixent, d'un portrait
De femme, parmi de la troupe :
Dans un jardin de cabaret,
Des artilleurs forment un « groupe ».

Ces yeux d'une chienne qu'on bat,
Ces yeux de fille endolorie
Aux coups de bottes d'un soldat,
En veine de galanterie,

Ces yeux noirs, lourds de trahison,
Dans les somnolentes paresses
De la ville de garnison
Promettent de sales caresses...

Des yeux me fixent, d'un portrait
De femme, parmi de la troupe :
Dans un jardin de cabaret,
Des artilleurs forment un « groupe »...

La brume du soir a tissé
Sa mousseline violette
Sur le paysage, effacé
Comme derrière une voilette.

Ce jour d'automne agonisant.
Où le parfum fané des roses
Tourbillonne dans l'air grisant,
Il pleut de la mort sur les choses...

Le souvenir d'un baiser pris
Au hasard troublant d'une fête.
Passait mélancolique et gris,
Et s'est en allé de ma tête.....

La brume du soir a tissé
Sa mousseline violette
Sur le paysage, effacé
Comme derrière une voilette ..

En les coussins du huit-ressorts,
La marquise se pelotonne
Et son front se nimbe des ors
Epars aux souffles de l'automne

Qui soulèvent, sur le chemin,
Le vol des feuilles racornies
Bruissantes dans le surhumain
Silence des cimes jaunies,

Au seuil rouillé de la forêt,
Tandis que jacasse une agace.
Toute noire, comme au regret
De la voiture qui s'efface...

En les coussins du huit-ressorts,
La marquise se pelotonne,
Et son front se nimbe des ors
Epars aux souffles de l'automne.....

L'ILE émerge d'entre les flots
— Telle une fleur dans une coupe —
Et des chansons de matelots
S'exilent sur une chaloupe...

L'Ile ! et ses parcs délicieux,
Et la multiple afféterie
D'un paysage soucieux
D'être pris pour une féerie,

Où, parmi les houx du chemin,
Sous les tilleuls que le vent bouge,
Une, blanche, laisse sa main
Tomber... aux mains d'un soldat rouge ..

L'Ile émerge d'entre les flots
— Telle une fleur dans une coupe —
Et des chansons de matelots
S'exilent sur une chaloupe...

C'EST *le flirt, parmi le crocket,*
Sur le gazon fin du cottage,
Vernissé, luisant et coquet,
Et simple, ainsi qu'un ermitage. .

L'air est bon, comme un baiser, kiss;
Cheveux en boy, robe criarde,
La fraîche demoiselle, miss,
Rougit au soleil qui la farde...

Et dans ses yeux, couleur de ciel,
La lumière blonde se joue:
Sa voix a la douceur du miel,
Et l'avril fleurit sur sa joue...

C'est le flirt, parmi le crocket,
Sur le gazon fin du cottage,
Vernissé, luisant et coquet,
Et simple, ainsi qu'un ermitage...

C'EST *d'un bleu de Prusse, la mer*
— Tel un beau ciel, mais sans étoiles.
Sous un ciel d'outre-mer très clair.
— Telle une mer calme, et sans voiles. —

Quelle neige roide d'un lys,
Sous ce coquelicot d'ombrelle!
Si ce n'est vos dentelles, Miss,
Frêle comme une tige grêle?

Quels becs acérés d'oiseaux bleus,
Luisants comme des guillotines,
Sinon, sur le roc anguleux,
Les bouts vernis de vos bottines?

C'est d'un bleu de Prusse la mer,
– Tel un beau ciel, mais sans étoiles –
Sous un ciel d'outremer très clair,
— Telle une mer calme, et sans voiles. –

N'ESPÉRANT *plus, pour dire amen*
Au célibat, qu'une victime,
Mon cœur fini rêve d'hymen
Et de pot-au-feu légitime.

La Mariée, en ses cheveux,
Porte la fleur des justes noces,
Et des tantes et des neveux
Suivent gaîment dans les carrosses.

Cœur de l'époux épanoui,
Cesse de battre pour entendre
Sa voix articuler le oui
Légal, définitif et tendre.

N'espérant plus, pour dire amen
Au celibat, qu'une victime,
Mon cœur fini rêve d'hymen
Et de pot-au-feu légitime.

COMME *aux braises d'un encensoir*
S'enflamment les parfums étranges,
Telle s'allume aux feux du soir,
L'odeur de foins qu'on rentre aux granges

La Fille va, par les prés ras,
Pieds nus, d'une allure pesante.
Et lui la prend entre ses bras,
Lui prend sa taille complaisante...

Et voilà qu'en l'air, alourdi,
Se dresse un dôme d'une meule,
Où, dans les bras du gars hardi,
Elle se laisse tomber, veule.

Comme aux braises d'un encensoir
S'enflamment les parfums étranges,
Telle s'allume, aux feux du soir,
L'odeur de foins qu'on rentre aux granges.

Hop, hop, au sortir des cerceaux,
Cette jupe en vol, qui s'évase,
Éparpille, parmi les sauts
Des clowns, son écharpe de gaze.

Hop!... L'écuyère, d'un pied sûr,
Franchit l'obstacle, sans angoisse,
Dans les transparences d'azur
De tulles bleus que sa main froisse.

Quand un marin de carnaval,
Un clown s'embarque sur le sable
A la remorque du cheval...
Ah!... yes... ce queue indévissable...

Hop, hop, au sortir des cerceaux,
Cette jupe en vol, qui s'évase,
Eparpille, parmi les sauts
Des clowns, son echarpe de gaze...

La i tou la. Qu'est-ce que c'est !
Comme par un soufflet de forge.
Dans l'échancrure du corset
S'enfle la neige de sa gorge...

Sur la robe à traîne, sans plis,
Drapant le corps de la chanteuse.
Le gaz des globes dépolis
Epanche sa clarté laiteuse.

Elle se sauve, à reculons,
Criblant de baisers le parterre
Qui gueule en refrain, aux flons-flons
D'une musique délétère.

La i tou la. Qu'est-ce que c'est!
Comme par un soufflet de forge,
Dans l'échancrure du corset
S'enfle la neige de sa gorge...

CHAHUT... L'orchestre délirant,
Sous les verdures embrasées,
Cascade et s'écrase, en torrent,
Dans le loin des Champs-Élysées...

La rampe, en serpent de clarté,
Aux pieds de la danseuse, flambe,
Illuminant l'obscénité
De son sourire et de sa jambe,

Sa jambe qu'elle jette haut,
Droit vers la salle frénetique,
Vrillant tous les yeux au défaut
De son pantalon hermétique.

Chahut!... L'orchestre délirant,
Sous les verdures embrasées,
Cascade et s'écrase, en torrent,
Dans le loin des Champs-Élysées

Mon cœur s'attache, au bout du nez,
Une lanterne, et, par les rues,
A travers les gens étonnés,
Il va calcinant, ses verrues.

Sœur Anne, vois-tu rien venir?
De l'amour, et plus d'amourettes,
Une maîtresse pour finir,
Assez de toutes ces soubrettes.

Elles m'aiment en coup de vent,
Celles-ci, que le diable emporte,
Car, voilà qu'à souffler souvent
Sur mon cœur, la chandelle est morte..

Mon cœur s'attache, au bout du nez,
Une lanterne, et, par les rues,
A travers les gens étonnés,
Il va, calcinant ses verrues.

Ce n'est plus les gais matins bleus,
Ni les soirs palpitants d'étoiles,
Suaves ainsi que des yeux
Sous la transparence de voiles.

Il fait triste comme la Nuit,
Et il fait froid comme Décembre,
Dans ce pauvre cœur déconfit
Qui se met à garder la chambre.

Le regret d'avoir « mal aime »
Se mêle à celui, d'autre sorte,
Qui pénètre un cœur abîmé
Dans la douleur d'une amour morte.

Ce n'est plus les gais matins bleus,
Ni les soirs palpitants d'étoiles,
Suaves, ainsi que des yeux,
Sous la transparence de voiles...

Mon cœur se meurt. Priez pour lui.
Tout passe, tout casse, tout lasse,
Et le houleux De Profundis
De la rafale, au loin, trépasse

Parmi la tempête, mon cœur,
Se berce encore des promesses
Mensongères, dont la douceur
Gonfle son espoir en détresse,

Et les astres, qu'il cherche aux cieux,
Pour guider sa route obscurcie,
Sont tout simplement les deux yeux,
Les deux yeux d'une bonne amie.

Mon cœur se meurt. Priez pour lui.
Tout passe, tout casse, tout lasse,
Et le houleux De Profundis
De la rafale, au loin, trépasse.

DES PRESSES D'ALCAN LÉVY

COMPOSÉ ET MIS EN PAGES

PAR HECTOR MENET

1887

www.ingramcontent.com/pod-product-compliance
Ingram Content Group UK Ltd.
Pitfield, Milton Keynes, MK11 3LW, UK
UKHW021820190726
13853UKWH00003B/1088